梦翔家

天娱传媒　陈翔 著

化学工业出版社
· 北京 ·

谢谢你们给予我支持，给予我荣耀，给予我坚持的力量。

Sean

梦翔家 the Dreamer

目录 Contents

Sean

Sean
自序 preface
梦翔家

“如果有机会，真想跟那些喜欢我的人坐下来聊一聊，像朋友一样，促膝谈心”这是我做这本书的最初的原因。

2010年，我参加了选秀节目，正式成为一名签约艺人，一时间拥有了很多很多爱。2011年，我发行了首张音乐专辑《初告白》，我带着自己的音乐梦，在你们的呵护下，开始慢慢起飞。

谢谢你们给予我支持，给予我荣耀，给予我坚持的力量。这些感谢，我知道怎么说都有些苍白。

我与你们的每次相遇都那么短暂，所以每次表达感谢的方式，只有用我最擅长的方式——唱歌给你们听。然而，这不足以表达我对你们的感谢。我演戏，努力揣摩每一个角色，希望你们能看到一个伶俐生动的演员。我想跟你们聊一聊，无奈见到你们的时候才发觉自己是如此不善言辞，所以我选择写给你们。

与出版社约定时恰逢在拍摄微电影《暴走》，热血的主题，真挚的情谊。于是毫不犹豫地决定跟朋友一样的你们来聊聊我的生活、我的朋友们。

也许，我的故事没有足够精彩，它只是一个平凡少年的成长历程；也许我的文笔无法与专业的作者媲美，但是每一个字都饱含着充沛的情感。我想若将自己燃烧，那样的热量你们一定能够感受得到！

陈 翔

2012年冬初

梦翔家

Sean

有时会抑制不住地想念自己的家乡。

一个城市小一点，其实也是很好的事情，当你在异地怀念它的时候，它越小，好像就越可以轻松地装在脑海里，陪你走遍五湖四海。即使你在想象中把它完整地逛一遍，也花不了多少时间。

1 回不去的叫家乡

1
回不去的
叫家乡

我刚来北京的时候，其实不大喜欢这座巨大的城市。

它空旷、坚硬、傲慢，似乎物欲横流。公司在双井附近，东三环一带竖满光怪陆离的建筑，发达的物质文明后面隐约透出一种六亲不认的漠然和自由。它以独有的骄傲和庞大时时刻刻提醒着所有外来者：你不属于这里。

这座巨大的城市里没有我的亲人和朋友。

我感到有点孤独。

当然工作上的伙伴也有很多，大家聚在一起的时候，也经常吃饭、聊天，酒过

三巡后，会推心置腹地聊一些清醒时不太可能谈到的事情——那实在是很有趣的场面，以往生疏淡漠的人们忽然拍着肩拉着手，亲热得不分彼此。

虽然我不喝酒，但我还是很感激他们对素昧平生的我，能够如此坦诚和信任，即使是躲在酒精的掩护下。

但那种推心置腹，似乎也只能存在于酒后的微醺中，等到一觉过后，大家都迅速回到工作岗位上，从酒后辛苦疲惫的志强、丽娜们变成精明理性的ERIC和JESSICA，微笑时审慎地露出八颗牙齿，只有在电子邮件里才敢明确地用“Sorry,but what's the point?”或者“Sorry,it doesn't make sense”

来拒绝别人。

大家都很忙，等到休息日，房间却又空得过分。

我经常独自散步，独自吃饭，工作伙伴散去后的嘈杂地带忽然转变为安静的真空地带。慢慢地我学会了一个人看书，一个人练习竖笛，一个人弹琴，一个人收拾房间，干净的地板上清楚地映出自己的影子，晾晒床单的时候会感到难言的凄凉。有几次回家晚了，站在门前摸钥匙，金属清脆的碰撞声在午夜时分的月色里听起来真像一首短小而冷清的安魂曲。

有时候午夜失眠，烦躁地在地板上走来

梦翔家

Sean

回不去的叫家乡

它完整地逛一遍，也花不了多少时间。

每天黄昏时分，暮色四合，满街的人都归心似箭地向家的方向奔去，这时我总是会想起我小小的天水。其实天水也是很大的城市（在甘肃算是第二大的城市了吧），但不知道为什么，它在我印象中就是一座小小的温柔的城。

想得最强烈的时候是吃饭的时候。

豆浆油条煎饼果子当然也不坏，只是每当油条在手时，总会忍不住叹口气，恹恹地想念天水的面皮呱呱。

面皮呱呱，是天水一带的一种特色小吃，种类很多，以原料分，可以分为荞麦呱呱、冰豆呱呱、豌豆呱呱等，我们最常吃的是色泽黄亮的荞麦呱呱。几乎每天早上，奶奶都会端出几碗面皮呱呱做早餐，软、筋、香的面皮呱呱上点着喷香的芝麻油、辣椒油、芥末、蒜泥、酱油、陈醋，满碗留红，香得不讲道理。最后，奶奶还会撒一大把红艳艳香喷喷的油炸辣子上去……有面皮呱呱在桌上的时候，我是不会碰别的食物的。

想得最惆怅的时候是赖床的时候。

在北京，睡眠总是轻浅的，有节制的。每天上床前心里都会默念：明天有什么活动，有什么安排，要去见什么人，要去上什么课。到了时间，人比闹钟醒得早，还没睁开眼，心里先闪过“哎呀，没有迟到吧？”的念头，睁开眼看表，才知道时间还早的很。

其实每天也能休息够七小时，不知道为

什么，总是困，却又总是睡不着。有时睡到半夜，忽然想起明天还有歌友会，辗转反侧，再难入梦。凄凉得像那首“我在异乡的夜半醒来，看看完全陌生的窗外，没有一盏熟悉的灯可以打开……”

回了天水就不一样了。家人在身边，其乐融融。妈妈每十分钟端一盘水果或是零食进来，“吃不吃这个？”“吃不吃那个？”在北京，我大概有“饱”和“饿”两种状态，回了家，只有“饱”和“撑”两种状态。晚上上床前，食物一直堆到嗓子眼儿，往床上一倒，第二天醒来，可能已经是中午。中间偶尔清醒片刻，想想是在家

里，重新埋头大睡，梦都做得格外踏实笃定，一觉睡上十五个小时也不难。

直到爷爷喊我起床吃饭，才呵欠连天地起床——骨头都睡酥了，真幸福。

回家三天，之前的黑眼圈小痘痘都不见了，都是生生睡没的。天水水质好，本地人皮肤好是省内都有名的，甘肃人说起天水人，都会啧啧称赞“天水银娃娃”。但我常年在外地奔波，有时拍戏，还要上妆，厚厚的妆容再被大灯一烤，天长日久，各种皮肤问题都渐渐出现。好在我心中有底——再大的问题，回家小住三两天，也会不治而愈。

但最最强烈的，超越一切的想念，还是曾经的死党们，虽然平时不能常联系，但大家心里仍装着彼此。每次回家，我都有小小的期盼，希望能在路上与某个老朋友不期而遇。——“我多么想再见你一面，在街角的咖啡店。”

然而工作越来越忙，渐渐的连过年都回不去了，有几次我在外省的演播室里魂不守舍地做节目，心里满满的都是我的天水。

当年从天水去四川，心里全是期待，那时，我没想到自己内心会有如此充盈的依恋。

难怪歌里唱：“到不了的都叫做远方，回不去的名字叫家乡。”

梦翔家

Sean

我总觉得爷爷一点都不老——
一个人老是从他的内心开始拒绝世界的变化，
拒绝接受新东西开始的，
而爷爷似乎永远在前进。

梦翔
家

Sean

Chapter two

2 谢谢您陪我长大

2 谢谢您陪我长大

梦翔
家

Sean

谢谢您陪我长大

最经常想念的人是爷爷。

我很小的时候，爸爸就去兰州打工，我和爷爷、奶奶、妈妈生活在一起。每到周末，舅舅、小姨都会带着家人来看我们，一大家人热热闹闹地聚在一起吃饭。

可能因为我是长孙，家里最早出现的小孩子的关系，所有亲戚都对我特别好。

爷爷不像一般的老年人那样因循守旧，反而相当开明。除了有时因为贪玩耽误学习以外，爷爷很少会批评我。当我开始有意识地追逐时尚，打耳钉、烫头发的时候，他都不以为意，最多摸着我

的头说一声“乍乍毛儿”，因为烫过的头发蓬得很厉害。我很小的时候就开始喜欢鼓捣各种乐器，爷爷对此也很支持，我的第一支竖笛，第一把吉他，都是爷爷买给我的，就连我的第一张cd都是爷爷给买的——那是张周杰伦的《八度空间》。

有些记者在听到《八度空间》时会稍微恍神一下，然后复述，“爷爷买周杰伦的《八度空间》送你？”

对。

酷，对吧？^-^

其实说穿了也很平常，那是在他开始学太极拳、太极剑的时候，需要买一张碟做背景音乐，我自告奋勇陪他去买，爷爷欣慰之余，决定给我点奖励作为跑腿儿费。爷爷打量了货架一遍，问老板哪张碟最好？

老板就拿出《八度空间》来，“这个卖得还不错。”

爷爷大手一挥，买单了。

这也是我拥有的第一张CD，也是我收集的第一张周杰伦专辑。

当时周杰伦已经因为《范特西》和《Jay》开始大红了，爷爷的无心之举，促成了我和我最喜爱的偶像的相识。

后来我读初中的时候，非常想有一把自己的吉他，也是爷爷慷慨解囊，圆了我的这个梦想。

我总觉得爷爷一点都不老——一个人老是从他的内心开始拒绝世界的变化，拒绝接受新东西开始的，而爷爷似乎永远在前进。近年来因为工作忙，很少有机

会回家，爸爸妈妈会抽时间来北京陪我几天，爷爷老了，行动不便，为了能看到我，他学会了上网，每天都去百度贴吧看我的行程，再去微博看我的最新动向。他还尝试着发微博。爷爷的内心对这个世界始终抱有巨大的好奇，身体的苍老似乎并不能阻止他对新世界的探索。从这一点上说，我觉得爷爷内心深处其实是个年轻人。

除了帮我开阔视野，爷爷自己也有非常丰富的生活。除了练太极，爷爷还喜欢画国画，年轻的时候他在一家五金厂当厂长，没有时间顾及内心的喜好。退休后，他第一时间去报了个老年国画班，每天美滋滋地提着盆盆罐

罐去听老师讲课。

回家后，他就自己支起桌子铺开宣纸，认认真真地点皴渲染。爷爷画画的样子也像批阅文件似的，异常专注，有时我在背后叫他他也听不见。

他喜欢画写意花卉，尤好画梅花和牡丹。河南洛阳有牡丹节，爷爷有时候会带着奶奶去洛阳“采景”。他喜欢观察长在地里的牡丹，地里的牡丹比盆栽或是插瓶的牡丹鲜活，就连叶子都是鲜绿透亮的，有种生机勃勃的灵动。

从洛阳回来，他天天铺开宣纸画他的牡丹，我开了空调还嚷嚷热，他穿个白色

的老头汗衫，弯腰低头，一丝不苟地勾画他的姚黄魏紫。不时小心地用毛巾擦擦脸，免得汗珠滚落下来弄脏画纸。

爷爷青瓷笔洗里面的清水不停地换，画笔也换得很勤，因为一支笔用不了多久便被磨秃了。

有时我说他：“歇会儿吧您。”

“不——累——”他头都不抬，仍在胭脂和朱砂的世界里神游。

无论寒暑，没有一天间断，家里很快到处挂满了姹紫嫣红的牡丹，空气中也总是充斥着淡淡的墨香和胭脂的味道。

林亦诚

他是那个老年国画班里入学最晚的学生，但很快就成了最优秀的学生，经常有“同学”们上门鉴赏画作，也有人求画。爷爷很高兴，经常做出谦虚的架势一边自我表扬一边教育我，“我这个人没有美术天赋，为什么画得好呢？就是靠勤奋，天天画。干什么都得靠勤奋——你看人家我！”

我去音乐学院报到的前夕，他也是这么告诉我，“你做音乐，也得天天练，拳不离手，曲不离口——就跟我画画儿似的，你看人家我！天儿这么热，还画！”

我不知道爷爷画得到底够不够专业，但我确定他从这里面收获了许多快

乐。这多多少少影响了我对音乐的态度——我从来没有给自己定下过“必须成为歌手”、“必须发片”这样的目标，我只希望自己能够一直享受音乐带来的快乐。

梦翔家

Sean

谢谢您陪我长大

梦翔家

Sean

其实对我来说，
Jay是一个很好的榜样，
他的存在，似乎就是为了告诉我们：
只要你真的有才华，够努力，
就没有什么做不到的。

梦翔家

Sean

Chapter three

3 如果你喜欢了一个偶像

3
如果你喜欢了一个偶像

将天王列进“朋友”名单显然有些不合适，但他确实曾以石破天惊之势出现在我的世界里，当然，那时我还只是个少年。

将他放在这里，是向偶像致敬的意思。希望大家能够理解。

说起来也很巧 ，《八度空间》里面有一首歌就叫《爷爷泡的茶》。

“爷爷泡的茶/有一种味道叫做家/他满头白发/喝茶时不准说话……陆羽泡的茶/像幅泼墨山水画/他牵着一匹瘦马就走天涯……”

每次听的时候都会想起爷爷。还有他的搪瓷大茶缸，不停换水的笔洗。

《八度空间》里面除了《爷爷泡的茶》，还有好几首我非常喜欢的精品，我反复听了很多遍后，又去找同学借了《范特西》和《Jay》的磁带细听。

感觉就像语文课本上那个闯入桃花源的“武陵渔人”，爬过长长的隧道，忽然”豁然开朗”的一刹那。

我决定成为Jay的粉丝。

现在，他已经是如日中天的华语乐坛王者，地位稳若泰山，但在那个时候，他

头上尚顶着“小天王”、“新人王”的称呼，是乐坛的希望之光——那个沉默又才华横溢的少年正在一点点颠覆华语音乐圈，说他是85后一代音乐人的精神教父或许也不为过，他的横空出世，彻底颠覆了我脑海中对于“音乐”二字的概念。

但在电视上看到的他，分明是年轻、朴素、害羞的少年模样。发那张专辑的时候，他也不过才是个22岁的大男孩吧？作为开创了一个全新时代起点的神奇小子，他在记者招待会上表现得像个听话的孩子，穿着长袖T恤带着棒球帽的他时时会脸红，不敢面对记者老练毒辣的提问，捧着大堆话筒低着头像是一直在找地缝钻。

那年他还没有被叫做“周董”，习惯性地压低帽子好不让大家看到他的脸，实在被逼急了，就含含糊糊地恳求大家：“我可不可以多唱歌，少说话？”

尽管他那么腼腆，但他专辑中惊人的才

华却明白无误地告诉大家：他，就是那个即将颠覆乐坛的神奇小子。

Jay在我的脑海中永远是伴随着这样几个关键词出现的：热血沸腾、年轻、乐观、金属、R&B……

不知道这是不是《双截棍》和《龙拳》给我留下的印象。其实他的早期作品里我最喜欢的是《忍者》，但Jay那种充满不羁的青春气息，却深深植根在我的脑海里。

现在想想，除了对他作品中独特的金属音运用的喜爱，更打动我的，是那种不为任何条条框框束缚的自由和不

羁吧？——我一直都记得《双截棍》里突然出现的小段钢琴solo，特别有幽默感。对他来说，似乎规则就是用来打破的，所有可能不可能出现的元素，都被他一一带进曲子中。

怎么会有这么有才华的人？

也许青春期的孩子特别叛逆的关系吗？我们对这种敢于打破常规的明星格外迷恋。周杰伦以“迅雷不及掩耳盗铃之势”迅速大红起来，因为他的才华太过耀眼，即使不喜欢他的音乐的人，也多半对他存有敬意——我们还是一个非常尊崇实力的民族。

我就是在那个时候，开始喜欢打耳钉、染头发的。学习竖笛的时候也更加用心——周杰伦可是弹得一手好钢琴的。我希望自己对乐器的了解也像偶像那样深入。

有时候也会自己尝试谱曲，为一个好听的旋律苦思冥想很久。

有记者问我：“你的偶像是谁？”

“周杰伦，”我说。

“你觉得自己和他有什么共同点吗？”

好像最大的共同点就是刚出道时见到记者会紧张到想要晕死过去吧……

很遗憾，当时没有给记者姐姐一个像样

的答案，我很想告诉她，其实对我来说，Jay是一个很好的榜样，他的存在，似乎就是为了告诉我们：只要你真的有才华，够努力，就没有什么做不到的。

我还记得那时候在娱乐报道中看到的新闻："1999年12月的一天，吴宗宪和周杰伦约定十天时间，如果他能写出50首歌，而自己可以从中选出10首，那么就帮周杰伦出唱片。周杰伦马上夜以继日的创作，十天时间，周杰伦拿出了五十首歌，而且每一首都写得漂漂亮亮，谱得工工整整。"

叛逆与创造力的结合，可以催生出什么新奇的东西来，真是谁也想不到。

梦翔家

Sean

在渴望获得承认的少年时代，
老师的肯定给了我很大鼓励。

梦翔家

Sean

Chapter four

4 师恩难忘

4
师恩
难忘

我曾看过一部电影《放牛班的春天》，主角是一位热爱音乐的圆圆胖胖的学监，他让一班顽劣而无知的少年感受到了音乐的魅力，给孩子们乏味、呆板的生活带了巨大的触动。孩子们从中获益良多，领唱的学生甚至由此走上了音乐之路，最终成为了歌唱家。看这部片子的时候，我不禁心中一动，想起了自己遇到过的几位老师。

我很小的时候就非常喜爱音乐。我的乐感比较好，听过一遍的歌曲，如果印象深刻的话，我会根据记忆写下它的谱子，然后自己尝试着用竖笛吹出来。

在学校念书的时候，音乐课是我最放松的科目。音乐老师大多也对我比较器重。从小到大，音乐课都是我的“避难所”，它让我在紧张的学习生活中感到松弛和快乐。

中学时，有个动画片《小糊涂神》，片头曲很好听，当时我们正在学吹竖笛，我就跟着电视把谱子扒了下来。当时还不会写节奏、音阶什么的，就只是凭自己的印象写“哆来咪发唆啦西”。

因为喜欢，所以做起来并不觉得困难，我将写好的谱子带到学校和同学们一起试着吹，居然很好听，老师听了也很赞许，“不错，我们把它做班歌。”

班会的时候，我们还一起吹了那支曲子。

从那以后，老师会不时叫我在新年联欢会或者班会上表演个小品，或是吹个笛子什么的。在学校发的学生手册上，老师写了“该生有良好的表演天赋”，让我把这本手册带回家给妈妈看，老师的

表情平和而严肃，他看着我说，“我觉得你可以向这个方面发展一下。”

我所在的高中并没有艺术班，大多数情况下，老师们青睐的还是能够在考场上拼出一个漂亮分数的同学。也许老师并没有觉得这是一件大事，但我必须承认，在渴望获得承认的少年时代，老师的肯定给了我很大鼓励。

高中时我确定自己想要以音乐为未来的发展道路，家人帮我找了专业的声乐老师作我的声乐辅导。第一节课，那位老师在听我试唱后，表示愿意接受我这个学生。我们学到一半的时候，老师很肯定地说：“你以后是要吃这碗饭的。”

真的吗?

我半信半疑地参加了一个在天水举办的规模比较小的比赛。也许我真的很幸运，就那么顺利地一直走到了最后——获得了冠军。

给我颁奖的评委老师在最后一场总决赛后走到我面前来跟我说：“陈翔唱得不错。”

我看着这位评委，总觉得似曾相识，评委笑了——他一笑，我认出他来了，居然是我小学时候的音乐老师！

当年他经常点我起来唱歌，我也算是他的得意门生之一。

人生何处不相逢呢。

后来参加“快男”选秀，一路遇到的评委老师都对我很好，无论是批评还是鼓励，都让我感到受益匪浅。

当我唱完《张三的歌》，准备听影子老师点评的时候，其实我是有点小紧张的，我完全没想到影子老师会说我“将平平淡淡就是真诠释得很好，我甚至想时光倒退十年，我愿意坐在你自行车上

跟你去看世界。”

后来我被淘汰的时候，好多“香橙”在贴吧呼唤影子老师，“要是影子老师还在就好了”，“如果影子老师今晚在台上会怎样呢？”

其实我想说，那样的赞美，一句就已经足够。

即使将来老了，不再唱歌，不再与粉丝们朝夕相处，想起来自老师的温暖的鼓励，仍然会感动，仍然会脸红。

这不就已经是最好的奖励了吗?

梦翔家

Sean

所谓兄弟，是一辈子的承诺。

梦翔家

Sean

Chapter five

5 葫芦兄弟

5

葫芦兄弟

来到音乐学院，我这个从来不会感到知足的人，破天荒地知足了起来。

我们寝室有七个男生，大家从天南海北一起来到了天府之国四川，并迅速成为了死党。我们不分昼夜地泡在一起，无论做什么几乎都是大家同步的，好得跟亲兄弟似的。为了表达这种感情，我们给自己的小团队起了个外号——葫芦兄弟，正好七个人嘛。

有时候我们也会敲着簸箕一起唱这首歌（宿舍没有适合当打击乐器的东西只好敲簸箕）："葫芦娃，葫芦娃，一根藤上七朵花。风吹雨打，都不怕，啦啦啦啦~~~ 叮当当咚咚当当~~葫芦娃~~~叮

当当咚咚当当~~本领大~~啦啦啦啦~~"

你别说还挺好听的。

只是后来簸箕被敲变形，不能继续用了。

上大学是我人生中第一次离家远行，居然不是特别恋家，葫芦兄弟之间的情义和快乐的群居生活，是我记忆中无法磨灭的美好。

葫芦兄弟中，最神秘的是老大。

老大个子不高，一米六多，大家都称呼他“风一样的男子”，因为他是我们寝

室的流动人口——这位风一样的男子常年在外，行踪不定，可称神龙见首不见尾，我们能在课堂上看到他的机会都不多。

老大是个神人。

明明大家一起上课，一起去打球，一起回寝室睡觉，他不知道什么时候就消失了，作为职业失踪人员，老大每次都消失得非常突然，上一秒钟他好像还跟我们坐在一起喝酒吹牛，下一秒钟你去找他，可能会发现他的床都空了。

他这一失踪，短则一两天，长则半个月，说不准什么时候他就又神秘地出现

了，鬼鬼祟祟往兄弟们手里塞几袋不定从什么地方带回来的小吃特产。老大为人低调，对自己的不辞而别不事张扬，久而久之，我们都习惯了他的来无影去无踪，只在好吃的塞进自己手里时才吓一跳，乖乖，这家伙这趟跑得够远的。

可能这袋零食还没吃完呢，他就又不见了。

谁也拿不准他出去到底是干什么，老大很少主动讲，但若是别人问起，他也会应对得非常好：啊，这一次是出去玩，

上一次啊？上一次是去外地看朋友，上上次？上上次我去给阿岳的演唱会当嘉宾啊。阿岳是谁？张震岳嘛。

大家听不下去了，齐声嘘他：少来了你，不要鬼扯。

真的啊真的啊，有照片为证。

说着就真拿出一张照片来，他和张震岳勾肩搭背一起拍的合影，非常熟悉非常铁的样子。

大家都被镇住了。虽然对老大的解释还

是半信半疑的，但大家都安静下来了。

老大得意地拎出一罐啤酒，继续看地图，策划着自己的下一次出游。

与老大不同，老二虽然也交游广阔，但他的行踪很少脱离我们视线范围内。

老二长得帅，唱得好，人脉也很广，虽然还是学生，已经表现出了惊人的商业天分。他在校外的朋友很多，演出邀请也多，一年到头商演不断，人称“跑场小王子”。学校附近的大小酒吧，他几乎没有没去串过场子的，大大小小的婚庆场合他也总会适时地露一小脸儿，虽然还在念书，但老二的收入已经抵得上

很多上班族了，他是我们同学中最早自立的一个，也是收入最多的一个。

“跑场小王子”不但性格活泛，还非常义气，一有机会就带兄弟一起出去演出。最常跟他出去商演的是我和老三。我们仨有时出去一唱就是一个晚上，第二天早上要是刚好有课，我们就那么蓬头垢面地跑到教室里去，连头发都顾不上梳。

课上完了，回寝室床上一躺，呼呼大睡。等到晚上，精力恢复了，外面商演主办方的车子也到了，我们三个坐着演出商提供的“专车”呼啸而去，其实还是挺风光的——同学们都用羡慕的眼神

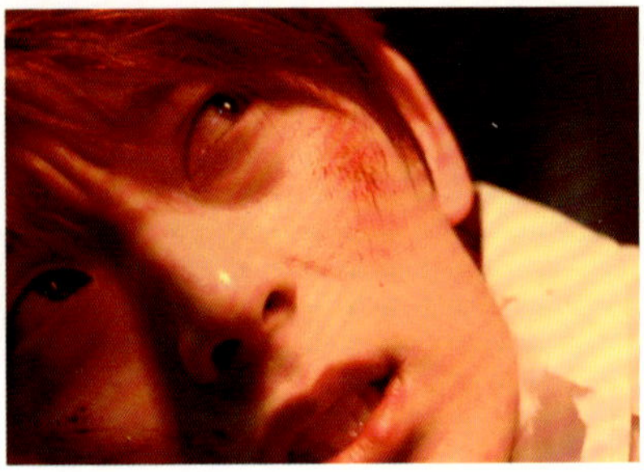

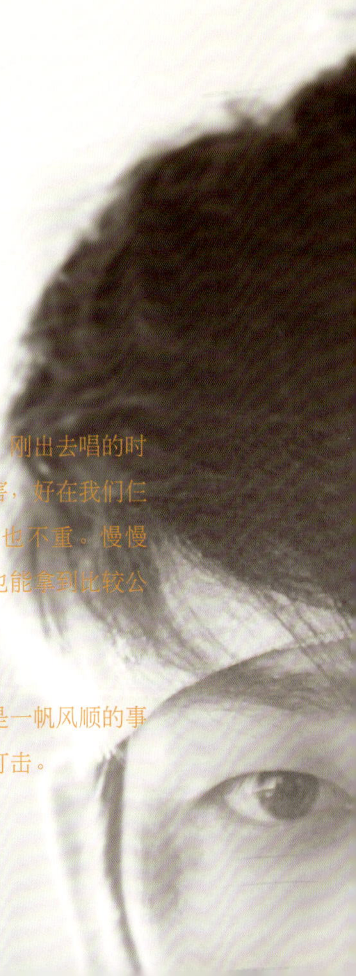

看着我们呢——不是所有酒吧都会招歌手驻唱的，刚上大学就可以在外面接到演出，这可不是非常容易的事呢。

要不是沾“跑场小王子”的光，我们也没有这么多见世面历练自己的机会。

老实说，校园内外的氛围确实差别很大，我们几个学生娃娃，刚出去唱的时候，其实被人坑得很厉害，好在我们仨心态都很好，对钱看得也不重。慢慢的，局面打开了，我们也能拿到比较公道的酬劳了。

在外面讨生活，当然不是一帆风顺的事情，有时也难免受一点打击。

有一次大家在上面唱，台下一位中年妇女的手机忽然响了，她接起电话，“诶？你们在哪里？不要过来了，这儿就是一群小屁孩儿唱歌，唱得都是什么啊。”

她的音量足以让台上的我们听得一清二楚，大家不约而同地怔了一下，台下的观众也起了一阵小小的骚动，这是我第一次遇到这样的事情，不由得情绪低落了片刻，但也没什么办法，还是要抖擞精神，将那首歌好好地唱完。

这样的事情以后也遇到不少，老二告诉我们，不需要做出反应，就认真继续唱好了。

后来我自己演出时，也渐渐经历了些风雨，慢慢知道了“不可能所有的人都欣赏你，所以你好好地做自己就行了”的道理。我想，或许幸运的人，就是在成长道路上早早遇到许多挫折的人，挫折这种东西，你战胜不了它，它便是你永远的负担，战胜它，它便是财富。

我和老二、老三一起唱歌的形式是不固定的，有时我们是分开各唱各的，有时候一起登台，算是一个组合，我们还给自己的组合起了个名字“SUNDAY”。随着我们演出的频繁，“SUNDAY”的名头也越来越响亮。

“SUNDAY”之中，最内向沉静的是老三。

老三就是一只闷葫芦，我们最初跑的都是非常热闹的婚庆场子，这时开口的工作基本是我和老二在做，老三很少会在婚庆场上说什么。

与我们的喜好不同，老三对音乐本身的要求极高，即使是唱现场，他也追求CD一般的音质。有时我和老二会唱一些比较有动感的歌曲，唱到HIGH时，台上台下都沸腾起来，闹成一片，我们也很享受那种与观众互动的乐趣，但老三很少会这么做，他喜欢抱着吉他安安静静地唱张学友的老歌，音质非常细腻，最好

观众也乖乖地坐在那里，不要说话，不要吵。

老三使用的最高级别的赞美词是“跟听CD一样”。我们也经常用这句话来赞美他，“老三你的现场唱得跟CD一样！”

老三沉静地摇摇头，表示并不会为我们的甜言蜜语骗到，他对音乐的体会非常细腻。我们爱唱热闹一

点、爆发一点的歌，爱和观众一起狂热，老三对此完全不予理会，他专心地调吉他的弦，不怎么看观众，也不希望观众忽然“哇”一声站起来鼓掌。静静地聆听对老三就是最好的鼓励，他需要与观众保持一点距离感，这样，才能达到他想要的“和CD一样”的感觉。

老三和我们不大一样，他很小心地应对着这个世界的一切，小心地照顾着团队的每个人，小心地弹自己的琴，小心地捕捉自己唱出的每个音符，好确定它们听起来“和CD一样”。

在台下，老三是我们的财务总管，他有着与生俱来的心算天分，精于理财。我

们外出演出走哪条路，住宿花多少钱，是打车还是搭公车，这些都由老三说了算，他虽然身负重任，并不以此自傲，只是在吃饭前默默看一遍菜单，然后小心地告诉我和老二："这顿饭不能超过多少多少钱喔，不然就超出预算了。"

简直像是一个理科生。

老三唯一比较放松的时候，就是"算"的时候，他来自贵州，家乡有许多神秘的传说，沉默的老三自诩略通五行八卦，偶尔会帮同学小算一卦，或是谈一点传说的片段，博得一片敬畏的眼光。

但老三真正享受的，是躺在床上看《易

经》的时刻，然后不时掐起手指，小心地算点什么，当然，他到底在算什么这件事，他是不会告诉我们的。

谈到老四，就不可避免地要谈到“四嫂”。

老四是我们之中唯一一位带着女朋友上学的。

听起来是不是有点夸张？其实是这样的：老四和女友很早就认识了，好像高中还是初中就是同学了，他们一起从山东考到了我们学校，老四学声乐，他女朋友学表演，是个非常漂亮甜美的女孩子。我们全班人都认识她。

恋爱中人，大多沉迷于两人世界中，无暇顾及其他，老四也是如此。他与漂亮的女友你侬我侬，其实没有很多时间和兄弟们一起玩，但老四和他女朋友性格都非常好，两个人都是让人感到非常舒服的人。一度我们甚至想把老四女朋友也算成我们团体的编外成员，但想想还是作罢了——七个男孩儿在一起可以算“葫芦娃”，再加一个漂亮姑娘算什么呢？白雪公主与七个小矮人？

日子久了，大家都挺羡慕老四的——他的女友不但漂亮，还异常聪慧，就像老四的军师似的，大事小情都可以帮老四出谋划策。许多学生情侣都不会持续很久，但他俩情投意合，似乎从来没有考虑过其他的可能性。大家都说，他们一定会结婚的。

我很喜欢这一对在一起的感觉——演艺圈中变数很大，在感情上，许多人都有朝不保夕的不安全感，而这一对却超脱得很，给了我们很大的正能量。

说通俗点——看着他俩，我们就又相信

梦翔家

Sean

葫芦兄弟

爱情了。

有时候我们一起去打篮球，看着“四嫂”含情脉脉地抱衣服拿饮料，而老四发挥异常神勇，我们都会心一笑，但大家都不会说什么。这种感觉挺美好的，不是吗?

我在宿舍年龄偏小，是老五。

说实在的，我也不了解大家对我是什么感觉。人的自我认知能力是有限的，每个人在表述自己时都有自我美化的倾向，所以，我不太喜欢谈论自己。

我不是个善于组织和经营的人，在朋友

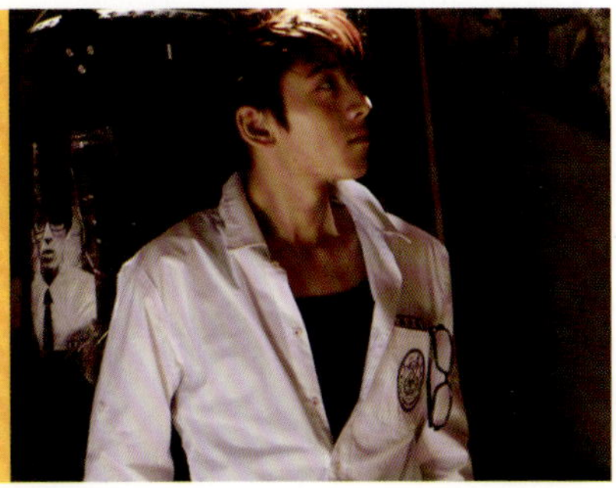

群中也不是会带领大家一起去玩去闹的角色，大多数时间，我都是个“聆听者”。

我有一双好耳朵，朋友们有了心事，便会来找我，我们一起吃吃饭、聊聊天，有时兴致来了，大家找个安静的角落，弹会儿吉他，唱几个和声。好像这也可以代替谈话，起到交流的作用。

久而久之，我的朋友越来越多。

虽然没有老大四处云游的豁达，没有老二广博的人脉，也没有老三心算理财的本领，但我对自己还是挺满意的。

老六比我小一点，与其他兄弟不同的是，他现在也在北京工作。我们不时能够见面。

说起来这份工作还是我帮他介绍的，一家影视公司需要企宣，我推荐办事认真的老六来应聘，结果公司和老六彼此都很满意。

老六没毕业就进入了北京的公司，算是我们几个中出路好一些的。开始我会担心，北京艺人这么多，让老六去做企宣的工作，他会不会觉得委屈，但老六并没有异议，非常负责地将企宣这份工作做得有模有样。

我很庆幸有机会将老六带了过来，工作

不那么忙的时候，我还可以去找老六小聚片刻。每当繁忙的工作暂时结束，我会拿起电话，拨通他的号码，约他小聚。

在北京工作的这段时间，让老六脸上的稚气开始渐渐脱尽，但“葫芦兄弟”的感情，却不曾淡去。我们仍然是无话不谈的好朋友。以前不曾变过，以后也不会再变。

每间宿舍都有一个胖子。

老七就是那个胖子。

军训的时候，他没有属于自己的制服，

最大号的军装对他来说也紧得过分，最后教官只好让他便装上阵了。

老七很伤心，很沮丧，觉得自己和大家不一样，吓得我们赶紧安慰他，没有没有，你是我们方队的镇方之宝，你看你站在队伍边上，是不是显得我们方队特别有战斗力？

老七想想也是，于是眉开眼笑地欢喜起来，继续跟我们喝酒神侃。

老七是个非常乐天而又听话的老实小朋友，对寝室里其他兄弟的玩笑也很当回事，对自己的体形尤其耿耿于怀，学声乐的人，形象不好，是蛮吃亏的。老七每当想到这里就满脸沮丧。有一阵我们瞎聊，大家商量说要集资买一辆QQ汽车轮流开，其他人都到后座挤着。不知道是谁提了一句："老七进不去QQ啊。"

这倒是真的，老七的身材，要坐进QQ这样的小车是有点困难，如果他进去的话，别人大概就全得出来。

老七迅速地沮丧了。拿一罐啤酒，不言不语地坐在地上喝。

我们安慰他，不要瞎想，没关系，不就辆QQ么？我们换辆大的，怎么也得把你弄进去，就算换不起，我们也可以在QQ后面拉俩簸箕带着你一起走，反正一辆QQ也塞不下七个人。

但事实上，老七在我们团队生活中发挥着巨大的作用。特别是在篮球场上，我们都暗自将老七当成获胜的王牌。老七也一直不负众望，在小小的篮球场上，他简直是神一般的存在——因为他够高，够壮，当他开始运球向内线冲去的时候，没人敢防守他，大家都自觉让出一条华丽的跑道，看着胖胖的老七冲进内线华丽得分。

如果老四碰巧也在，葫芦兄弟们想不赢都不可能——老四也很壮，他俩组合起来，篮底下就不会再有别人。

我在球队里打控球后卫，投篮命中率很一般，运球助攻时耍耍帅还可以，真进入实战阶段就暴露出了"其实没什么用"的真相，像老七这样的重量级选手一次撞飞仨我也毫无压力，因此当老七

梦翔家

Sean

葫芦兄弟

梦翔
家

Sean

葫芦兄弟

进入状态时，我们都只能站在一边眼巴巴地看着，虽然不能上前相助，但心头也是澎湃万分此起彼伏。老七得分，场上场下的葫芦兄弟们必然高兴地不得了，在我们心里，这两分跟我们自己进的也差不多，因为是“我们的”老七进的球。

老七你真棒，真的。

葫芦兄弟中，老大、老二的专业都非常棒，老二“跑场小王子”的称号绝非浪得虚名，他的特色是：常年在外做形形色色的演出，非常了解市场需要。

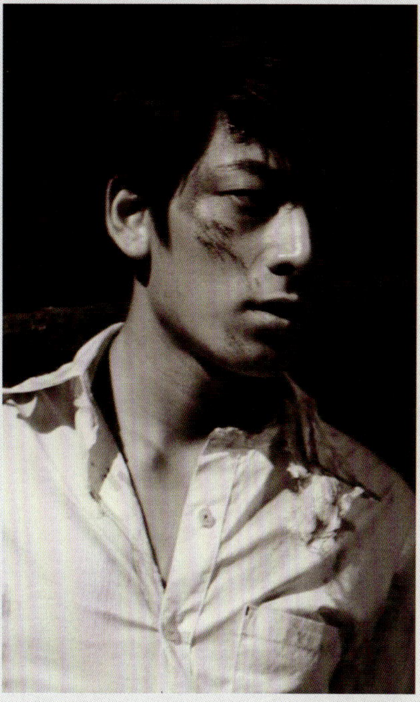

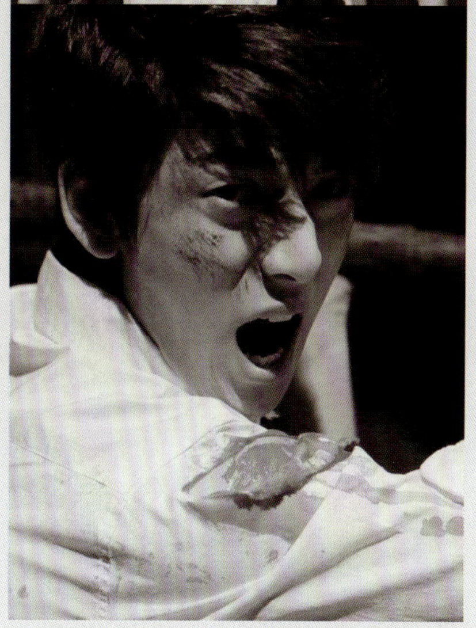

因为婚庆场合做的最多，老二对喜庆、欢快的流行歌曲和民歌都非常熟悉，也很擅长主持和搞笑，有老二在的地方，大家永远不寂寞。大家都开玩笑说，将来自己如果结婚，一定要请老二去唱歌。

老大虽然经常失踪。专业却是一等一的棒，他素养很高，对许多风格的音乐都有所涉猎：HIPHOP、RAP、雷鬼、R&B、电子……什么都难不住他，尤其是RAP和R&B，功力之深不输给许多职业艺人，个人技巧非常好，他真的具有可以去演唱会上做开场嘉宾的才华。事实上，后来我参加快乐男声的比赛初期，老大还被广播电台绵阳之音邀请去当嘉宾，将葫芦娃的故事与大家分享来着。

整个比赛阶段，葫芦兄弟们都在寝室密切关注着我的动向，每当我往寝室打电话时，大家都争着喊加油。

那感觉很好，那感觉就像我是站在“快男”舞台上的老七，正飞速带球过人。而兄弟们正紧张地关注着你。

当有朋友温暖和关心着你的时候，你的内心才会真正充实强大。

比赛后我忙于工作，偶尔回到学校，葫芦兄弟们还是像以前一样拉着我一起去吃饭，同样，他们若是有谁到北京，我也是一样。

做兄弟，有福同享，有难同当，这是我们心照不宣的共识。

尽管已经成为“香橙”口中的“老大”，但我还是很享受在葫芦兄弟里做“老五”的感觉。

然而美好的时光总是过得特别快。

有时我会有种错觉，觉得葫芦兄弟永远不会解散，觉得自己等到工作不忙的时候，还可以回到学校去，住回寝室，继续和大家一起开开心心地吹牛，摆龙门阵，一起去小饭馆吃火锅，一起弹吉他。

然而一转眼，我们已经要毕业了。

6月19日，我和其他六位葫芦家族的成员在学校见到了彼此，时间就这么过去了，我曾以为毕业会让我感到解脱和兴奋，孰料当分离真的来临时，我感受最深的却是不舍。

再没有熄灯后的谈笑，再没有一起赶场的兴奋，所有的所有，都已经深深封存在“青春”这个大大的相册里。

大家都说，下次见面也许就是某个人的婚礼了。

听起来居然有几分凄凉。

但大家都努力装作不在意的样子。

离开时，葫芦兄弟们很用力地握了握手。

就差没有说点“青山不改绿水长流”之类的话了。大家眼眶泛红，但又竭力表现出若无其事的样子。未来的路还有很长，也许在下一站的某个拐点上，葫芦兄弟们就会不期而遇吧？

所谓兄弟，是一辈子的承诺。

梦翔家

Sean

渐渐地我确认了自己的位置，
虽然不能打前锋，
但做一名控球后卫我还是很合格的。

Chapter six

6 篮球飞人

6
篮球飞人

我不大爱玩电子游戏，也不嗜烟酒，唯一从中学时代就保留的爱好是打篮球。上大学后，葫芦兄弟们最经常组织的集体活动也是打篮球，偶尔也在寝室电脑上打打NBA。

虽然没有生命，但我认为篮球也是我的好朋友——一位圆溜溜的给我们带来许多快乐的朋友。

当年在《jay》里面听到那首《斗牛》时，开心之余又有些艳羡——初中时代打球，场上五个人的角色其实是比较模糊的，“单手过人防守”、“快抢篮板球”的机会我也不是没有，但十有八九，最后都会功亏一篑。我投篮的准确度实在让人无法恭维。

也曾奢望过自己能够成为万众瞩目的小

前锋，像科比那样，做一个百发百中的投手。

但要成为小前锋谈何容易，身高体重突破能力都有要求。特别是投篮的准确度，没有下苦功练过，是不可能成为一名优秀的小前锋的。

大前锋我也很难胜任，因为以我的身体优势，很难抢到篮板球。篮板球属于老七和老四这样的大块头。

渐渐地我确认了自己的位置，虽然不能打前锋，但做一名控球后卫我还是很合格的。

控球后卫没有多少出风头的机会。如果我想让场边女生尖叫，就必须抓紧在将球从后场运到前场的时机使劲拗造型做几个漂亮的假动作。还要冒着被女生白眼，“这人是谁为什么这么莫名其妙地耍帅他以为他是谁”的风险。

但我还是美滋滋地当我的控球后卫。毕竟篮球是一项集体活动，即使不能直接得分，有机会在场上驰骋片刻，体会短兵相接的快感，也是很让人愉快的。

当老四或老七进球时，我呐喊助威的同时，也不免自我安慰地想：如果没有我这样优秀的控球后卫，再棒的小前锋也是英雄无用武之地啊！

梦翔家

Sean

这份爱太真太纯，
我诚惶诚恐，
唯恐自己配不上这么浓烈盛大的感情。

梦翔家

Sean

Chapter seven

7

倾橙之恋

7 倾橙之恋

2007年的时候，我就试图参加“快乐男生”，不敢跟家人要路费，撒谎说同学没有伙食费，需要我紧急支援渡过难关。就这样从不知内情的妈妈手里“骗”了100元，偷了家里的户口本，带着满心冲动和一点点内疚登上了开往西安的火车。

可惜天不遂人愿，那一年西安赛区报名人特别多，排了整整一天队，好容易轮到我时，工作人员却发现我年龄差两个月。

只差两个月啊……我恳求了很久，但还是被拒绝了。当然人家的道理是对的：规则制订出来，本来就是需要大家遵守的。

只是，当时的我已经山穷水尽，妈妈给的那一百元基本花在了来回路费上，在返程的火车上，我连一瓶矿泉水都不敢买，最后还是同行的一位陌生的老大爷送了我半瓶水。等回到天水火车站的时候，我身上只有四元钱了。

脏脏乱乱地下了车，忐忑不安地等待父母的责骂，可能是当时的样子实在是太狼狈了的缘故，妈妈非但没有骂我，反而非常伤心地抱着我哭了。

虽然妈妈最后没有怪罪我，但那一趟旅程给我留下了很深的印象。

三年后我再次参加了快乐男声，尽管也

会有艰辛，但我从未害怕过吃苦，再怎么样，也不会苦过18岁那年一个人独自远行吧?

让我害怕的，是精神上的压力。

比赛期间，我的神经始终绷得紧紧的，不管我多想放松自己，仍然会不时陷入焦虑和担忧之中。一度压力大到满头白发的地步，化妆师都啧啧称奇。

只有我知道，自己是怎样苦熬过一夜又一夜的失眠。为了睡着，我会和睡在旁边的人聊天，一直聊到对方睡着。然后，一个人睁着眼直到天亮。

我担心自己快要扛不起来了。可是每次比赛时看到“香橙”们坚毅的表情，就觉得自己必须要强大起来——否则怎么对得起那些可爱的“香橙”们？

如果不是“香橙”们站在我身后，我真不知道自己能否坚持下去。

有时我会通过贴吧和微博与“香橙”们互动，但我能为他们做的，实在不及他们为我做的千分之一。《夏日甜心》发布会结束后，一位“香橙”送我一块十分美味的蛋糕。下面压一张字条，这位“香橙”是这家餐厅的服务员，用自己一天的薪水买这块蛋糕给我。

蛋糕可以补偿，难以补偿的是这份心意，不知道有多少的“香橙”干过同样的事情。我真的谢谢你们的爱。可是，你们也要对自己好一点呀。

在长沙拍《倾城之恋》时，我的“香橙”们顶着长沙近40℃的高温，不停追随摄制小组奔波于各个拍摄地点，即使我不能跟他们握手、签名，甚至不能近距离的见面，他们依然坚持不懈地跟着我。

拍摄《暴走》的时候，我的戏份大多在晚上，来探班的“香橙”们兼任群众演员，陪我们在北京七十中一遍一遍拍摄，有些“香橙”直到第二天凌晨四点

钟才回家。

再往前数，“快男”比赛我被淘汰之后，有的“香橙”们哭了一晚上，守在门口不肯回家。我巡演的时候，那么多人为我吹气球，吹到嘴巴上都是五颜六色，有的人甚至晕倒了。

这一切的一切，每一件事，每一分心意，我都看在眼里，记在心中。

是要怎样的幸运和福气，才能在转身的那一刻看到你们？

偶尔我也会害怕，担心有一天你们发现“老大”不是心中所期望的样子怎么

办？担心自己唱歌时忽然忘掉歌词怎么办？担心耳朵又出了毛病怎么办？担心写真拍出来很僵硬、很丑怎么办？担心回答访问时不小心说错话，让“香橙”们伤心怎么办？

每次与“香橙”们见面前，我都努力让自己保持在最佳状态。这份爱太真太纯，我诚惶诚恐，唯恐自己配不上这么浓烈盛大的感情。

有一次听朋友唱《漂洋过海来看你》，“为了这次相聚，我连见面时的呼吸都曾反复练习。”

心头一颤，这不就是我见到“香橙”们的心情吗？

经常觉得漫漫人生辽阔得如同荒野，而所有的生活，不过是与自己讲和的过程。到最后，没有什么人是离不开的，也没有什么事是完全做不到的。想要有所建树，必须把自怜自恋踩在脚下，咬着牙一言不发度过一个又一个艰难的时

刻才够男人。

然而“香橙”们的一言一行，又时常让我的心柔软得像个孩子。他们像是照进我生命中的光，让我领略每一寸生命的美好。

只有更加努力变得更好吧。即使我不能和你们面对面地接触，但是无论你们在哪个位置，我永远都会守护你们，都会心疼你们。

四月份的时候，“快男”导演组发短信给我。他们正在捐赠“快男”舞台最后一场的演出服，有些已竞标过万了。我也想响应一下，找点东西来捐，但在家中翻找了半天，才发现家里全是“香橙”们送的礼物。

每一件我都舍不得捐。最后只好出门买了新的东西捐出去。

黄金有价情无价。

这些，都是我生命中不可或缺的宝物，午夜梦回时，有它们陪着我，我会比较容易快乐。

感谢叫“香橙”的你们一路的陪伴，让一个叫陈翔的男生开始变得不平凡。

梦翔家

Sean

一只哀伤的猫 依着铁窗舔着打架后的伤
一张白色床单 皱成一团不知所云的凌乱
……

梦翔家

Sean

Chapter eight

8 相爱后动物感伤

8
相爱后
动物感伤
梦翔
家

相爱后动物感伤

“快男”七进六的时候，我唱了张惠妹专辑《阿密特》里面的这首《相爱后动物感伤》，有“香橙”在网上留言，问我养过什么宠物？喜不喜欢狗狗？

我其实是不养宠物的……

我记得小时候写作文，经常有这样的例句出现：

“猪的皮可以用来制作皮鞋和皮包，肉可以吃，鬃毛可以制成刷子，它全身都是宝，真是我们人类的好朋友。”

听起来似乎我们人类对动物朋友的衡量标准就是“全身都是宝”。如果我是动

物的话，恐怕也不大愿意和人类交朋友。

虽然我对毛茸茸大眼睛的猫咪、兔子也相当有爱，但我权衡了很久，还是不敢养宠物：

一是时间上安排不过来。自己工作那么多，每天天南海北地跑，真养了宠物，只能麻烦助理或是辛苦妈妈来照顾，给人家添了麻烦我会觉得很不好意思，从小动物那边说，主人不能多陪它一些时间，感觉上很对不起它；

二是害怕宠物生病或是死掉。宠物的生命一般只有十几年的样子，我是个天性

喜聚不喜散的人，平生最害怕曲终人散。相伴多年的宠物，某种意义上也算家庭的一分子了，我怀疑自己能否承受那样的分离。

难怪大家都说：无情太苦，有情皆孽啊。

我对很多种小动物动过心，唯独没有想过养狗——我其实是很怕狗的。小时候街坊邻居都习惯养狗看家护院，野狗也多，我经常被狗追（是我身上有一种“来啊来追我啊”的气场吗？怨……），但是狗从来没有追上过，因为我一看见狗就跑得非常快。有一次跑了不知道多远，感觉后面没东西追我了，才敢停下来歇口气，回头看看，那只狗在离我很远的地方趴在地上喘气。

……

一时间在“啊我竟然跑赢它了”和“拜托被狗追成这样很丢脸诶”的两种情绪间摇晃不定。

但有时看到“香橙”们送的小狗绒毛玩具又觉得很可爱，不知道这算是叶公好龙呢？还是爱屋及乌呢？

说起来有些丢人的，我怕的动物还挺多，我是89年生人，属蛇，但我平生最怕的东西就是蛇。有时做噩梦梦到蛇朝自己爬过来，醒来后心会怦怦地跳好久。我怕蛇的事情好多人都知道，还被“香橙”在网上笑话过“我是女生都不怕踩到蛇”。但拍《曙光》的MV的时候，有一个从飞机上跳伞的镜头。飞机是停在地面上的，但机翼与地面还是有一段距离，我穿着硬底鞋一下子就跳下去了，那个镜头我拍了三次，通过了，最后一次其实脚腕有点扭伤，场内的工

梦翔家

Sean

相爱后动物感伤

作人员说："你娃咋那个胆大，说跳就跳咯？"

……我也不知道。

可能被狗追时逃走的胆量，在面对飞机时又回到我身上了吧……

所以直到目前为止，我的"动物朋友"们也只是来自"香橙"们的绒毛玩具。它们干净、乖巧、不需要太多时间陪伴，扔在洗衣机里转一转就可以带上床抱着睡……

尽管叫我是懒虫好了，我觉得这样的朋友也蛮不错的。

梦翔家

Sean

但我知道，
一旦我找到那朵玫瑰，
无论她是什么样的，
我都会一心一意地对待她。
在我心里，
她就是我小小星球上的唯一一朵玫瑰。

梦翔家

Sean

Chapter nine

9 小王子与玫瑰花

9

小王子与
玫瑰花

有时候我觉得自己欠了宋慧乔姐姐很多。

因为几乎所有记者都好爱问："你喜欢什么样的女孩呢？"

每一次我都带点尴尬地回答，"我也不知道啊……"

如果记者不死心，接着穷追猛打，"那圈内有没有你欣赏的女星类型呢？"

这样还比较容易答一点，十有八九，我会告诉对方："像《浪漫满屋》里面宋慧乔那样的就好。"

宋慧乔姐姐真的非常美，而她在《浪漫

满屋》中那种娇憨的、有点傻傻的气质，着实招人喜爱，但是，我还是觉得对不起她——在被记者追杀时总用她来救场。

其实这种问题好难回答，我也不知道我喜欢什么样的女孩子，因为她还没有出现在我的生活中呢——这种事情，除非当那个人出现，你根本不会知道她就是“THE ONE”啊。谈恋爱又不是进餐厅点菜，你可以告诉服务生“对不起啊我想要口味清淡一点的”或者“今天我很想要一个暖胃的汤”。

你也不知道将来牵系你的女孩，会是圆脸还是尖脸，是长发还是短发，是高挑还是娇小，你只是知道：一定会有那么一个人就对了。

就像童话中的小王子，深爱着自己的玫瑰花，他以为她一定是全宇宙最美、最优雅的花儿，直到有一天他来到了地球，发现了一个玫瑰园。

他伤心极了。他的花儿曾经告诉他，她是全宇宙中唯一的一朵玫瑰。而在这里，单单在这个花园里就有五千朵玫瑰花长得跟他的花儿一模一样。

当他驯养过狐狸之后，他忽然明白了玫瑰对于自己的真正意义：

“她是我浇灌的。因为她是我放在花罩中的。因为她是我用屏风保护起来的。因为她身上的毛虫（除了留下两三只为了变蝴蝶之外）是我除灭的。因为我倾听过她的怨艾和自诩，甚至有时我聆听着她的沉默。 因为她是我的玫瑰。”

每个女孩子都是美丽的玫瑰，我也不能形容，我的玫瑰到底是红色或是白色，我也不能保证，她是不是一朵最为娇艳和美丽的玫瑰。

但我知道，一旦我找到那朵玫瑰，无论她是什么样的，我都会一心一意地对待她。在我心里，她就是我小小星球上的唯一一朵玫瑰。

好吧，未来的女朋友，虽然我不知道你是谁，但我希望你看到我为你留了位置。

Sean
后记·开到荼蘼
梦翔家

"没有音乐的灵魂是寂寞的。"

这是我在一部电影里听到的，好像是《我的兄弟姐妹》吧？记不清了，崔健说的一句台词。

我想每个人与世界上的其他生物的沟通方式都是不一样的，有些人会通过绘画或雕塑来寻求共鸣，有些人通过摄影来表达自己，有些人可能擅长用文字来表达内心感受，有些人则喜欢用竞技、格斗的方式来与同类切磋。

而我最喜欢的交流方式，就是歌唱和演奏了吧。

因为音乐，认识了许多朋友。为了学音乐，也吃过一点苦：自己出门打工攒大学的学费，拿着十几块钱一天的薪水，忍受客人的无理取闹；为了不给家里添负担，许多乐器我都是自学的，学吉他的时候，我只上过三节课，之后的练习，只能自己凭着感觉和有限的资料一点一点琢磨；小时候接触的音乐知识比较少，进入大学后才开始学习乐理知识，为了跟上同学的进度，自己私下花工夫死k乐理知识……自己选择的路，跪着也要走完，前进的道路上永远是荆棘密布的。但做这些事的时候，并不觉得特别苦，反而会因为生活充实而感到快乐。

15岁那年，特别想要一把吉他，却没有钱买。过年的时候，仔仔细细将压岁钱都攒起来，爷爷问我这是准备做什么？我说，想买把吉他。爷爷当下就替我把不够的部分补齐了。

那把一百五十元的木吉他让我高兴了很久。每天都拿出来练指法，有时候练得高兴忘了时间，一直弹到半夜，我妈听到吉他响，走过来说了我一顿，因为会影响邻居休息。

我也知道这样不好，但吉他摆在那里，手痒得好难受。后来我想了个办法，把毛巾塞进琴弦下面，垫着毛巾的吉他不会发出声音，我可以自由自在地练指法。

那时候的我对自己心爱的吉他，就像守财奴对黄金一样珍惜。怕弹琴会把吉他弄脏，每次练完都小心地把手摸过的地方用酒精擦一遍，很长一段时间里我手指上都有淡淡的酒的香味。

这股味道让我心安。

就好像纯真时代的爱情，没有太优厚的物质条件让心爱的女孩开心，唯一能做的就是倾尽所有让她尽可能的舒适。我不是特别聪明特别懂得女孩子的心的人，喜欢一个人，唯一会做的只是对她好一点，再好一点。

这把吉他算是我在青春期最珍视和亲密的朋友。那些突如其来的灵感和稚嫩的创作，都是她帮我记录并完成的。

对音乐的痴迷使得家人慢慢接受了我以音乐为职业的理想，这对他们是非常不容易的。在二三线城市，比较为大家接受的观念是：孩子长大了一定要找一份正儿八经的工作，有户口有编制的那种，最好是国家机关。稳稳妥妥的铁饭碗捧在手里，然后买房子，然后成家立业……

老实说，我觉得这样的生活本质上和“放羊是为了娶媳妇，娶媳妇是为了生娃，生娃是为了放羊”的生活也没有太大区别。

这种生活不是我想要的，与物质世界的丰足比起来，精神世界的平静和愉悦更令我沉醉，我宁愿当一个漂泊街头的流浪歌手，也不愿意违心地从事自己没有兴趣的职业。

这样与命运抗衡，当然是非常辛苦的，一起长大的朋友们有些一直坚持了下去，有些就慢慢放弃了，他们说，当你慢慢习惯后，你会发现随波逐流的感觉其实也不错。

真的不错吗?

我不喜欢那样。

《燃情岁月》的开头，有一句台词让我印象深刻：Some people hear their own inner voices with great clearness.And they live by what they hear.Such people become crazy,or they become legends ……（有些人能清楚地听到自己内心深处的声音，并以此行事。这些人要么变成了疯子，要么成为传奇……）

Become crazy or they become legends.

我尊重我的师长，也爱我的家人，但我必须用自己的头脑去思考。我总以为如果一个人开始用别人的意愿代替自己的判断，那表明他已经开始疲倦了，再也无力自持。只有永远倾听内心的声音，不断用问号来折磨自己的人才能前进。只有那些不屑于靠主流价值观慰藉自己的人才有可能真正地生活；也许你必须不断否定自己，不断推翻自己，但你从始至终是在为自己而活，你在创造着……一些新的东西。你创造着自己的命运，你不是父母的延续，也不是儿孙的前传，你的一生都是自由的。

我比别人幸运的是搭上了时代的快车，我不是“官二代”也不是“富二代”，但“快乐男声”的舞台，让我的梦想照进现实。

还在舞台上结识了那么多好朋友。

比赛结束后，公司开始帮我发片，做巡演，期间，我不断地接受新的挑战。

工作这件事，永远是不进则退的。虽然公司没有硬性指标，但长时间的潜伏让我养成了自己主动找事情做的习惯。制定目标，然后朝向目标努力前行，对我来说，这似乎是最愉快的事情。

比赛结束后，我开始学拍戏、健身、学跳舞、学写作，这都是需要投入很多时间和精力的任务，没有可以一蹴而就的捷径，我就像《蜗牛与黄鹂鸟》中的蜗牛一样，慢慢地爬向心中的葡萄架。

其实许多艺人都非常严于律己，我在韩国拍戏的时候，对张佑赫很是羡慕，他可以真的对自己实行军事化管理，意志力强大到爆。一个具有正面能量的朋友，对你起到的积极作用是难以估量的。那段时间我也开始严格要求自己，那感觉很好，就像是回到了教室里，大家携手前进学习的时光。

以我自己的经验来说：最初不需要把目标定得很大，但必须确保自己能够按时完成。这样，每当达到自己心中的一个小目标时，都会不由得为自己加油，还能享受到成就感。天长日久，也积累了一些经验。有时上通告，主持人会夸奖我成长得很快，但事实上“快速成长”只是因为大家在电视上看到我表现最好的一面的错觉，身边和我一起工作的同事们都知道我的成长速度根本算不上快。我只是一直在不间断努力而已。

所有这些课程都是出于我自己的兴趣，我不喜欢逼自己去做不喜欢的事。而这些努力的最终目的，又是为了创造出好的作品。演艺圈里有很多人是通过选秀出道的：王力宏是选秀出来的，周杰伦也是，包括林俊杰、甚至陈奕迅，他们都是。从一个选手变成艺人的关键，是有好的作品拿出来呈现给大家，这才是维持自己的一个重点。以前我比赛的时候有多火爆，现场来了多少人，我觉得这些都可以放下了，所谓的“人气”其实是虚的，风一吹就散了，只有优质作品的积累，才会让更多人听到你的音乐，喜欢你。

就像我比赛时选的那首《开到荼蘼》，这是我很喜欢的歌。跑通告的时候，主持人问我为什么喜欢这首歌，答案是：因为我觉得它是一个态度，就是要唱自己的歌。荼蘼是一种花，开放在晚春时节，所有的花都已经凋谢了，只有它还在坚持绽放。别人都放弃了，我还要生长，这是我欣赏的一种态度。

我要做个永远都坚持着梦想在翱翔的人。

图书在版编目（CIP）数据

梦翔家 / 陈翔著. — 北京 : 化学工业出版社，2013.1

ISBN 978-7-122-16181-9

Ⅰ. ① 梦… Ⅱ. ①陈… Ⅲ . ①陈翔—自传 Ⅳ. ①K825.76

中国版本图书馆CIP 数据核字(2012) 第 311433 号

责任编辑：李 鑫 李岩松　　文字编辑：李 鑫

装帧设计：熊琼工作室

出版发行：化学工业出版社（北京市东城区青年湖南街13号 邮政编码100011）

印 装：北京博海升彩色印刷有限公司

710mm×1000mm 1/16 印张10 插页8 字数50千字

2013年4月北京第1版第3次印刷

购书咨询：010-64518888（传真：010-64519686）　　售后服务：010-64518899

网 址：http://www.cip.com.cn

凡购买本书，如有缺损质量问题，本社销售中心负责调换。

定 价：49.80元

Sean

梦翔家

Sean

梦翔家

Sean

梦翔家

Sean

梦翔家

Sean

梦翔家

Sean

梦翔家

S e a n

梦翔家

S e a n

梦翔家

Sean

梦翔家

Sean

梦翔家

S e a n

梦翔家

S e a n

梦翔家

Sean

梦翔家

Sean

梦翔家

Sean

梦翔家

Sean

梦翔家

少年王者 梦想为翼 逆风而翔 锋芒渐露

上架建议：明星自传
ISBN 978-7-122-16181-9
定价：49.80元